la piccola volpe legge un libro

il coccodrillo nuota nel fiume

il polipo raccoglie le conchiglie

il delfino gioca con i suoi amici pesci

il piccolo ragnetto cerca la sua mamma

la lumachina passeggia sul prato

il coccodrillo sta per tuffarsi nel fiume

la coccinella gioca con la palla di fango

la piccola oca vuol fare vedere a mamma oca che è cresciuta

l'orso si rilassa leggendo un libro sotto la luna

le piccole volpi si arrampicano sull'albero

Il piccolo riccio studia per diventare bravo come il papà

mamma e papà pinguino vanno a fare la spesa

la piccola ape passeggia nel bosco

La piccola apetta gioca felice tra i fiori

il professore Polipo legge un libro

le formichine giocano felici nello stagno

il koala mangia le foglie sull'albero

la famiglia di meduse nuota insieme felice

le amiche oche passeggiano nel prato

la grande medusa nuota con i suo amici pesci

la mamma delfino nuota con i suoi cuccioli

il coccodrillo aiuta i bambini ad attraversare il fiume

la formichina cerca la sua mamma

il piccolo allevatore lancia il mangiare alle oche

Papà coccodrillo parte per un viaggio di lavoro

Papà granchio prende il sole

la mamma lumaca raccoglie del cibo per i suoi piccoli

mamma farfalla insegna a volare ai suoi piccoli

la mamma giraffa è felice perchè oggi è il suo compleanno

mamma oca parla con il suo amico allevatore

mamma anatra fa un viaggio in barca

la piccola paperella fa la preghierina

Il piccolo leoncino è felice perchè oggi è il suo compleanno

www.ingramcontent.com/pod-product-compliance
Lightning Source LLC
Chambersburg PA
CBHW081129080526
44587CB00021B/3804